Dios habla conmigo
Para Niñas

Este libro pertenece a:

info@ProduccionesPrats.com
www.ProduccionesPrats.com
Tel: 01 800 926 1913

ISBN: 978-1-62387-195-6
Creado por Agnes y Salem De Bezenac
Ilustrado por Agnes De Bezenac
Coloreado por Sonny K.
Copyright 2012. Todos los derechos reservados.
Hecho en México

Hola, mi querida niña.

¿Sabías que siempre estoy a tu lado, y que puedo ayudarte a tomar buenas decisiones todos los días? En este libro te tengo unos mensajes en los que puedes pensar.

- Dios

La bondad

Cuando eres buena con los demás, los haces muy feliz. Y yo también me siento muy orgulloso de ti.

En la Biblia dije que se amen los unos a los otros de la misma manera en que yo los amo a ustedes. (Juan 13:34)

La amabilidad

Ser amable es decir y hacer cosas buenas. Acordarse de decir «por favor» y «gracias», saludar a las visitas o abrirle la puerta a tu mamá son algunas de las cosas que puedes hacer para ser amable.

Cuando eres amable, a la gente le gusta estar contigo.

La Biblia nos dice que seamos amables unos con otros. (Efesios 4:32)

Ser considerados

Ser considerados es pensar en los demás antes que en nosotros mismos. A todos les gustan los actos de bondad, y hornear unas galletas con tus padres para una amiga o algún vecino podría ser un bonito gesto.

En la Biblia dice que no debemos pensar solamente en nosotros mismos, sino también en los demás. (Filipenses 2:4)

Compartir

Compartir hace felices a los demás y a mí también me hace feliz.

Yo digo en la Biblia: «Traten a los demás de la misma manera en que les gusta que los traten a ustedes».

A ti te gusta que los demás compartan sus cosas contigo, por eso es bueno que tú también compartas tus cosas con los demás. (Lucas 6:31)

Los hermanos

Es genial tener hermanos o hermanas con quienes jugar y que te acompañen.

Puede que a veces hagan cosas que te molesten, pero la Biblia nos recuerda que nos amemos unos a otros como hermanos y hermanas.
(Hebreos 13:1)

Los padres

Pasar tiempo con tu mamá o tu papá puede ser muy divertido.

Quizás te lleven al parque o a la playa, o jueguen contigo al escondite.

¿Sabías que yo soy como tu papá en el cielo? Me encanta pasar tiempo con todos mis hijos.

La gratitud

Te he dado muchas cosas por las que puedes sentirte agradecida, porque me encanta cuidar de ti. Aun cuando te sucede algo triste, puedes recordar las cosas buenas de tu vida y sentirte agradecida por ellas.

La Biblia nos recuerda que siempre debemos estar agradecidos. (Efesios 5:20)

La alegría

A todos les encanta verte sonreír. ¡Les alegra el día!

A mí me gusta mucho animar a la gente, y cuando tú sonríes, contribuyes a que los demás se sientan felices.

La Biblia nos recuerda que una mirada alegre puede brindar alegría a los demás. (Proverbios 15:30).

El mundo que me rodea

¡Mira todas las cosas lindas que te rodean! Arco iris de colores, apacibles puestas de sol y bonitas flores.

Yo las creé todas para tu deleite. (Génesis 1)

¡No tengo miedo!

Cuando algo te da miedo, es aconsejable hablar con alguien en quien confías.

Y si estás sola, puedes hablar conmigo porque yo siempre estoy a tu lado.

La Biblia dice que cuando sientes miedo, puedes apoyarte en Mí. (Salmo 56:3)

Ser serviciales

Hay muchas maneras de ayudar a los demás, incluso si eres pequeñita.

Algunas maneras de dar una mano serían: poner la mesa, recoger los juguetes o ayudar a sacar la basura. Ayudar a otros hará que, cuando seas grande, te conviertas en una persona amorosa.

La Biblia dice que ayudarse los unos a los otros es seguir mis enseñanzas. (Gálatas 6:2)

Cuidar lo que tenemos

Así como tus padres te cuidan a ti, a ti te conviene cuidar las cosas que tienes.

Si mantienes limpios tus juguetes, los guardas siempre después de jugar con ellos y los tratas con cuidado, te durarán mucho más.

La Biblia nos recuerda que debemos ser fieles con nuestras pertenencias. (1 Corintios 4:2)

Aprender

Hace falta mucha paciencia para aprender a leer. Por eso, sigue practicando.

Pronto podrás leer tus historias favoritas por tu propia cuenta.

La Biblia nos enseña a no darnos por vencidos, porque si seguimos intentándolo, lo haremos cada vez mejor.

(Gálatas 6:9)

¡Música, maestro!

La música puede hacer que te den ganas de mover el cuerpo de muchas maneras diferentes.

A mí me pone muy contento verte bailar, y además es una estupenda manera de hacer ejercicio.

Bailar y cantar son formas en que puedes demostrarme lo feliz que te sientes. (Salmo 149:1 y 3)

La obediencia

Cuando tus papás o tus maestros te piden que hagas algo, lo mejor es hacerles caso.

Demostrarles que pueden confiar en ti, pues con seguridad les prestarás atención y darás una mano cuando haga falta.

La Biblia dice que obedecer a tus padres es lo correcto.

(Efesios 6:1)

Los días lluviosos

Si los días de lluvia te ponen triste porque no puedes salir a jugar al jardín, igual puedes tomarte las cosas con buen humor.

Piensa en lo buena que es la lluvia para los árboles y las flores, y también para los cultivos de los granjeros.

¿Se te ocurren otras cosas por qué agradecer en esos días de lluvia?

Me alimento sanamente

Tu cuerpo necesita que le des alimentos nutritivos. Puedes ir de compras con tus papás y ayudarles a encontrar los alimentos que te hacen bien.

Hasta puedes sembrar unas verduras y verlas crecer.

He hecho muchos tipos diferentes de alimentos que son buenísimos para ti.

(Génesis 1:13)

Los animales

¿Recuerdas la historia del arca de Noé?

¡Piensa en la cantidad de animales —grandes y pequeños— que Noé ayudó a salvar! Hice muchos animales distintos. ¿Cuál es tu animal favorito? (Génesis 1:24)

La oración

Me encanta escucharte orar. Puedes darme gracias por los alimentos antes de comer.

Cuando te acuestas a dormir, puedes pedirme que te dé dulces sueños. Cuando sales, puedes pedirme que te guarde a salvo mientras viajas.

Me encanta que me hables a lo largo del día. (1 Tesalonicenses 5:17)

La hora de ir a dormir

Cuando te aburras a la hora de dormir, ponte a pensar en todas las cosas divertidas que hiciste en el día, y agradécemelas.

Y recuerda que no tienes por qué sentirte sola, porque yo siempre estoy a tu lado.

(Mateo 28:20)